BEI GRIN MACHT SICH WISSEN BEZAHLT

- Wir veröffentlichen Ihre Hausarbeit,
  Bachelor- und Masterarbeit

- Ihr eigenes eBook und Buch -
  weltweit in allen wichtigen Shops

- Verdienen Sie an jedem Verkauf

Jetzt bei www.GRIN.com hochladen
und kostenlos publizieren

Bibliografische Information der Deutschen Nationalbibliothek:

Die Deutsche Bibliothek verzeichnet diese Publikation in der Deutschen National-bibliografie; detaillierte bibliografische Daten sind im Internet über http://dnb.d-nb.de/ abrufbar.

Impressum:

Copyright © 2013 GRIN Verlag, Open Publishing GmbH
Druck und Bindung: Books on Demand GmbH, Norderstedt Germany
ISBN: 978-3-668-19007-8

Dieses Buch bei GRIN:

http://www.grin.com/de/e-book/319684/haeusliche-gewalt-gegen-frauen-erschei-nungsformen-erklaerungsansaetze

Monika Gabriel

Häusliche Gewalt gegen Frauen. Erscheinungsformen, Erklärungsansätze und Formen der Prävention

GRIN Verlag

GRIN - Your knowledge has value

Der GRIN Verlag publiziert seit 1998 wissenschaftliche Arbeiten von Studenten, Hochschullehrern und anderen Akademikern als eBook und gedrucktes Buch. Die Verlagswebsite www.grin.com ist die ideale Plattform zur Veröffentlichung von Hausarbeiten, Abschlussarbeiten, wissenschaftlichen Aufsätzen, Dissertationen und Fachbüchern.

Inhalt

A.   Einleitung

Frauen sind täglich schon aufgrund ihres Geschlechts unterschiedlichen Gewaltformen in vielfältigen Lebensbereichen ausgesetzt. Die meisten dieser Gewalthandlungen werden aber nicht durch Fremde oder wenig bekannte Personen, sondern in Familien- und Paarbeziehungen, insbesondere durch aktuelle und frühere Beziehungspartner, verübt.

Am Montagabend, den 19.07.2010 wurde eine Frau von einem Mann auf offener Straße in Hannover niedergestochen, weil sie sich vor einiger Zeit von ihm trennte. Seit der Trennung lauerte er ihr regelmäßig auf. Auch am Montagabend verbrachte er mehrere Stunden in Reichweite ihrer Wohnung und stieß mit ihr an der Haustür zusammen. Im Verlauf der zunächst verbalen Auseinandersetzung mussten mehrere Anwohner und Passanten mitansehen wie der 51-jährige Mann die fünf Jahre jüngere Frau zu Boden schlug, mit einem Messer in ihr Gesicht und ihren Hals einstach und sie sich vergebens mit ihren Händen gegen die Messerstiche zur Wehr setzte. Erst ein Tatzeuge überwältigte den auf der am Boden liegenden Frau sitzenden Täter, indem er ihn zur Seite riss und ihn bis zum Eintreten der Polizei festhielt. Die entnommene Blutprobe des Täters ergab einen Wert von 1,09 Promille. Mit lebensgefährlichen Schnitt- und Stichverletzungen im Gesicht und im Halsbereich wurde die Frau ins Krankenhaus eingeliefert und notoperiert.

Viele Gewalthandlungen werden durch frühere Beziehungspartner im Kontext von Trennungs- und Scheidungssituationen begangen. Der Entschluss der Frau sich vom Partner zu trennen wird von den Mann nicht anerkannt. Nach der Trennung werden sie verfolgt, bedroht und auf offener Straße misshandelt. Dabei spielt vor allem auch der Alkoholkonsum des früheren Partners eine gewaltbeeinflussende Rolle. Denn gerade durch die Alkoholeinnahme steigt die Gewaltbereitschaft des Täters, was auf die enthemmende Wirkung von Alkohol zurückzuführen ist.

Doch bevor es zur Trennung seitens der Frau kommt, drohen die statistisch nachweisbaren Gefahren hinter verschlossenen Wohnungstüren. In den eigenen vier Wänden - unter Ausschluss der Öffentlichkeit- erleben Frauen erhebliche Übergriffe durch den Partner. Alle sozialen Schichten sind davon betroffen, unabhängig von Bildungsstand, gesellschaftlichem Status, Einkommen, Kultur oder Herkunft.[1] Gerade die im sozialen Nahraum verübten Gewalttaten kennzeichnen den Großteil der Gewaltkriminalität, den Frauen als Opfer erliegen.

Daher wird in der folgenden Proseminararbeit nach einem Überblick über die Formen der Gewaltanwendung gegen Frauen (B) der Schwerpunkt der Arbeit auf die

---

[1] Schaaf, FAZ v. 29.03.2010; Egger/Fröschl/Lercher/Logar/Sieder, Gewalt gegen Frauen in der Familie, S. 35.

männliche Partnergewalt gegen Frauen im häuslichen Bereich gelegt. Hierbei wird zunächst der Begriff der häuslichen Partnergewalt gegen Frauen bestimmt (C). Zur Verdeutlichung der häuslichen Partnergewalt wird der Familientyrannenfall nach BGHSt 48, 255 herangezogen, anhand dessen zunächst die Erscheinungsformen, Folgen und Zyklen beschrieben (D), anschließend Erklärungsansätze über Ursachen männlicher Partnergewalt (E) und Präventionsmaßnahmen (F) erläutert werden. Den Abschluss der Proseminararbeit bildet mein Fazit (G).

B. Formen der Gewaltanwendung gegen Frauen

Ursprünglich wurde Gewalt gegen Frauen primär als körperliche Gewalt definiert, die Ehemänner oder männliche Intimpartner an „ihren" Frauen verübten.[2] Erst später wurde die Definition auch auf sexuellen Missbrauch, Vergewaltigung in der Ehe und schließlich emotionale bzw. psychische Gewaltakte ausgedehnt.[3] Zu den weiteren Formen von Gewalt gegen Frauen zählen aber auch Frauenhandel, Gewalt in der Prostitution, Genitalverstümmelung und geschlechtsselektive Abtreibung, sexuelle Belästigung am Arbeitsplatz, sexuelle Gewalt in Institutionen wie Kirche, Heim, Pflegefamilie, Schule. Auch Stalking, Zwangsheirat und Ehrenmorde gehören dazu. Auf Grund der Seitenbeschränkung wird im Folgenden auf die Form der männlichen Partnergewalt gegen Frauen im häuslichen Bereich eingegangen.

C. Begriffsbestimmung der häuslichen Partnergewalt gegen Frauen

Die Anwendung von Gewalt im häuslichen Bereich, auch Gewalt im sozialen Nahraum genannt, wurde früher in der Öffentlichkeit kaum zur Kenntnis genommen. Jahrhunderte lang wurde sie gesellschaftlich akzeptiert oder zumindest doch toleriert. Erst in den Siebzigern wagten engagierte Feministinnen den Tabubruch und machten öffentlich, was sich „hinter verschlossenen Türen" in der Privatsphäre vieler Familien abspielt.[4] Doch was ist überhaupt unter dem Phänomen der häuslichen Gewalt zu verstehen?

Der Begriff der Gewalt ist nicht unproblematisch, da er unterschiedlich weit gefasst wird. Wer welche Handlung, welches Ereignis, welche Institution als gewalttätige definiert, hängt entscheidend vom sozialen Ort der Person ab, die definiert oder die die Gewalt ausübt.[5] Die Definitionen von Gewalt sind also primär von dem Blick des oder der Betrachterin auf das Phänomen geprägt. Für die vorliegende Studienarbeit wird die Definition des Gewaltbegriffs wie folgt verwendet. Gewalt ist jeder wirkender Zwang, der zur Machtausübung, zum Gefügigmachen und bei

---

[2] Lamnek/Luedtke/Ottermann/Vogl, Tatort Familie, S. 181.
[3] Lamnek/Luedtke/Ottermann/Vogl, Tatort Familie, S. 181.
[4] Kaiser, Gewalt in häuslichen Beziehungen, S. 11 f.
[5] Reese, Gewalt gegen Frauen, S. 58; Godenzi, Gewalt im sozialen Nahraum, S. 34.

Ungehorsam zur Bestrafung und zur Unterdrückung angewandt wird.[6] Gewalt wird als Mittel eingesetzt, um eigene Bedürfnissen gegen den Willen und ohne die Zustimmung anderer zu befriedigen, eigene Interessen durchzusetzen und eine Rangordnung zwischen den Beteiligten festzulegen.[7]

Das Wort „häuslich" beschreibt, in welchem Kontext die Gewalt auftritt.[8] Es umfasst schädigende interpersonale Verhaltensweisen, intendiert oder ausgeübt in sozialen Situationen, die bezüglich der beteiligten Individuen durch Intimität und Verhäuslichung gekennzeichnet sind.[9] Partnergewalt im häuslichen Bereich findet unter Ausschluss der Öffentlichkeit zwischen einander bekannten und in einer nahen emotionalen Bindung stehenden Personen statt. Die Beziehung ist besonders durch das Vertrauen geprägt. Dem Mann geht es primär um die Ausübung von Macht und Kontrolle über das Leben der Frau. Dabei setzt er sämtliche Kontroll- und Beherrschungsmittel ein.

D. Erscheinungsformen, Folgen und Zyklen von häuslicher Partnergewalt anhand des Familientyrannenfalls

In diesem Fall tyrannisierte und misshandelte der Familienvater M. F., der Mitglied und Präsident einer Rockergruppe war, seine Ehefrau jahrelang erheblich. Die Sklavenbeziehung begann 1984 und endete im September 2001 damit, dass die Ehefrau den schützenden Ausweg vor den weiterhin bevorstehenden Qualen allein in der Tötung ihres Ehemannes sah und ihn im Schlaf erschoss. Bis dahin war sie ständig sich wiederholenden und steigernden Gewalttätigkeiten ausgesetzt und wurde Opfer eines andauernden Misshandlungssystems.

I. Erscheinungsformen

Der Begriff der häuslichen Gewalt umfasst Formen physischer, sexueller, psychischer, ökonomischer und sozialer Gewalt.[10] Erst durch die Benennung von Gewaltformen werden diese als gewalttätige überhaupt sichtbar.[11]

1. Physische Gewalt

Am deutlichsten tritt die physische Gewalt in Erscheinung. Physische Gewalt an Frauen kann gegen diese, gegen Personen in ihrem Umfeld, gegen Sachen, aber auch gegen Tiere gerichtet sein.[12] Sie beinhaltet alle Formen von Misshandlungen, die Verletzungen verursachen können.[13] Die Gewalt gegen Sachen und Tiere richtet sich

---

[6] Lamnek/Luedtke/Ottermann/Vogl, Tatort Familie, S. 11; Bock, Kriminologie, S. 329.
[7] Reese, Gewalt gegen Frauen, S. 47.
[8] Löbmann/Herbers, Neue Wege gegen häusliche Gewalt, S. 22.
[9] Godenzi, Gewalt im sozialen Nahraum, S. 27.
[10] Leuze-Mohr, Häusliche Gewalt gegen Frauen - eine straffreie Zone? S. 31.
[11] Reese, Gewalt gegen Frauen, S. 57.
[12] Lamnek/Luedtke/Ottermann/Vogl, Tatort Familie, S. 181.
[13] Egger/Fröschl/Lercher/Logar/Sieder, Gewalt gegen Frauen in der Familie, S. 30;
Lamnek/Luedtke/Ottermann/Vogl, Tatort Familie, S. 181.

zwar nicht unmittelbar gegen die Frau, demonstriert aber anhand der Zerstörung und Vernichtung, dass sie ebenfalls Opfer von Gewalt werden kann.

Im Haustyrannenfall versetzte M. F. ihr schon nach kurzer Zeit Ohrfeigen und griff dann zu immer stärkeren Methoden, um seine Machtstellung zu verdeutlichen. Er schlug ihr mit der Faust ins Gesicht und trat mit Springerstiefeln auf sie ein, bis sie auf dem Boden liegen blieb. Auch verprügelte er sie mit Gegenständen wie einem Basketballschläger oder sonstigen Gegenständen, die sich in seiner Nähe befanden. Die körperlichen Gewalttaten führten zur Eskalation in Intensität und Häufigkeit. Selbst als sie mit dem zweiten Kind schwanger war, nahm er hierauf keine Rücksicht und versetzte ihr Fußtritte und Faustschläge in den Bauchbereich. In einer anderen Situation schlug er ihren Kopf so lange heftig gegen die Wand bis sie bewusstlos am Boden lag. Aufgrund der großflächig mit Blut verschmierten Wand und ihrer Bewusstlosigkeit ging er selbst davon aus, dass er sie getötet habe.

2. Sexualisierte Gewalt

Die sexuelle Gewalt umfasst alle sexuellen Handlungen, die der Frau aufgedrängt oder aufgezwungen werden.[14] Sexuelle Gewalt gehört zum Programm in gewalttätigen Partnerschaften und wird von den betroffenen Frauen als die erniedrigendste Form der Demütigung erlebt, die sie zu ertragen haben.[15] Der Haustyrann sah seine Frau als Sklavin an, die er ohne Rücksicht als sexuell verfügbar betrachtet und behandelt hat.

3. Psychische, soziale und emotionale Gewalt

Zu den weiteren Gewaltmitteln des Mannes, Macht und Kontrolle aufrechtzuerhalten, gehören die Formen der psychischen Gewalt, der sozialen Gewalt oder der emotionalen Gewalt. Die Handlungsweise lässt sich als verbale Gewalt oder verbale Misshandlung bezeichnen.[16] Sie ist immer ein Angriff auf die Integrität und das Selbstwertgefühl der Frau, die als eigenständige Persönlichkeit beeinträchtigt und abgewertet wird.[17]

Im Haustyrannenfall musste die Angeklagte auch Formen verbaler Gewalt ertragen. Er titulierte sie als „Schlampe", „Hure" und „Fotze". Mit der Zeit blieb es aber nicht nur bei den genannten Beleidigungen im häuslichen Bereich. Er demütigte sie auch in der Öffentlichkeit vor seinen Freunden in seinem Motorradclub, indem er sie

---

[14] Lamnek/Luedtke/Ottermann/Vogl, Tatort Familie, S. 182.

[15] Leuze- Mohr, Häusliche Gewalt gegen Frauen –eine straffreie Zone? S. 26.

[16] Leuze- Mohr, Häusliche Gewalt gegen Frauen –eine straffreie Zone? S. 27.

[17] Leuze- Mohr, Häusliche Gewalt gegen Frauen - eine straffreie Zone? S. 28;
Egger/Fröschl/Lercher/Logar/Sieder, Gewalt gegen Frauen in der Familie, S. 31;
Schweikert, Gewalt ist kein Schicksal, S. 52.

zwang vor ihm auf den Boden niederzuknien und ihm nachzusprechen, sie sei eine „Schlampe" und „der letzte Dreck". [18]

Zudem verbot er ihr den Kontakt mit ihrer Familie oder Freunden. Auch zogen sich Familie und Freunde aus Angst vor etwaigen Gewalthandlungen des „Tyrannen" zurück. Er verfolgte und kontrollierte sie, so dass sie ständig in Angst vor weiterer Gewalt leben musste und erzwang damit ihre Unterdrückung. Er isolierte sie aus ihrem Umfeld und hielt so seine Macht und Kontrolle aufrecht. Denn je isolierter die Frau ist, desto mehr wird ihre Wahrnehmung verzerrt, und desto mehr befindet sie sich in der Gewalt des Mannes. [19]

4. Ökonomische Gewalt

Schließlich wurde auch die ökonomische Gewalt eingesetzt. Frauen erleben die ökonomische Gewalt in Verletzungen durch die uneingeschränkte und alleinige Handhabung des Mannes über die finanziellen Ressourcen. [20]

M. F. setzte das Geld als Machtmittel ein, um seine Ehefrau aus Angst vor Verarmung und sozialen Abstieg finanziell an sich zu binden. Das Geld unterlag seiner alleinigen Kontrolle. Da die Angeklagte sich um die Kinder wie das Lokal kümmern und als seine Sklavin ständig zu seinen Diensten sein musste, war sie nicht in der Lage einer Berufstätigkeit bzw. Ausbildung nachzugehen. Sie wurde gezwungen, um Geld zu betteln und sich für jede Ausgabe ständig rechtfertigen zu müssen.

II. Folgen von häuslicher Partnergewalt

Gewalt im Beziehungsbereich verursachen schwerwiegende physische, psychische, ökonomische und soziale Folgen. [21]

1. Physische Folgen

Die Angeklagte verfiel physischen Folgen. Sie erlitt durch die heftigen Schläge ihres Kopfes gegen die Wand Bewusstlosigkeit und durch die Tritte mit den Springerstiefeln eine Nierenquetschung, für die sie jeweils eine stationäre medizinische Versorgung benötigte. Einer ärztlichen Behandlung bedurfte es auch, als sie durch die Faustschläge ins Gesicht eine Platzwunde im Mundbereich erlitt. Weitere physische Folge von häuslicher Gewalt war die Fehlgeburt ihres dritten Kindes. Auch kam ihre zweite Tochter, aufgrund der heftigen Schläge während der Schwangerschaft mit einer Entstellung im Gesicht, nämlich einer Lippen-Gaumen-Spalte, zur Welt.

---

[18] BGH Urt. v. 25.03.2003, S. 6.
[19] Egger/Fröschl/Lercher/Logar/Sieder, Gewalt gegen Frauen in der Familie, S. 31.
[20] Schweikert, Gewalt ist kein Schicksal, S. 53.
[21] Schweikert, Gewalt ist kein Schicksal, S. 54.

Die physische Folgen häuslicher Gewalt ziehen aber auch psychische, soziale und finanzielle Konsequenzen nach sich.

2. Psychische Folgen

Mit seinen Gewaltexzessen erzwang er ihre Unterwerfung, die erhebliche Auswirkungen auf ihre psychische Gesundheit zur Folge hatte. Symptome wie besondere Ängstlichkeit, Schlaflosigkeit, Essstörungen und der Verlust von Selbstachtung und Selbstvertrauen fanden bei ihr besondere Ausprägungen. Durch die fortlaufenden Beleidigungen und der ständigen Inanspruchnahme bei alltäglichen Verrichtungen geriet sie an die Grenzen ihrer Belastbarkeit. Todeswünsche und Verzweiflung machten sich in drei gescheiterten Selbstmordversuchen mit Hilfe von Tabletten bemerkbar. Durch die jahrelange Gewaltbeziehung entwickelte sie das Gefühl, an ihrer Situation nichts ändern zu können. Die psychischen Folgen lähmten sie und erschwerten die Herbeiführung einer Veränderung ihrer Situation.

3. Ökonomische Folgen

Als Folge der Auswirkungen von körperlicher und psychischer Gewalt war sie nicht in der Lage, einer Erwerbstätigkeit nachzugehen. Zudem verzichtete sie aus Angst vor verstärkter Gewalttätigkeit Schadensersatz- und Schmerzensgeldansprüche gegenüber ihrem gewalttätigen Ehemann geltend zu machen.

4. Soziale Folgen

Als Opfer von häuslicher Gewalt musste sie neben den physischen, psychischen und ökonomischen Folgen auch soziale Folgen tragen. Ihre Kontakte zu Freunden und Familien unterlagen einer ständigen Kontrolle. Auch wurden sie zur Zielscheibe der Angriffe, was wiederum zur Folge hatte, dass diese Kontakte sich zurückzogen. Soziale Isolation und Einsamkeit breiteten sich zunehmend aus. Ohne Hilfe vom sozialen Umfeld war sie nicht in der Lage, sich selbstständig aus der Beziehung zu lösen und stand immer wiederkehrender Gewalt hilflos gegenüber.

Nachdem Formen und Folgen häuslicher Partnergewalt gegen Frauen dargestellt wurden, wird auf die Dynamik und den Verlauf von häuslicher Gewalt eingegangen.

III. Zyklen von häuslicher Partnergewalt

Im Folgenden wird unter Bezugnahme des Haustyrannenfalls näher betrachtet, wie häusliche Partnergewalt anhand einer Gewaltspirale abläuft und wie sich Opfer und Täter verhalten.

Die Gewaltspirale hat sieben deutlich zu unterscheidende Phasen, nämlich die Phase des Spannungsaufbaus (1), der akute Gewaltakt (2), Zuwendung und reuiges, liebevolles Verhalten des Täters (3), Verliebtheit und Harmonie (4), Schuldsuche und Verantwortungszuschreibung (5), Aufbau von erneuter Spannung und Aggression (6), erneute Gewalthandlung (7). Jede Phase kann eine unterschiedlich lange Zeit andauern, der ganze Kreislauf kann innerhalb von wenigen Stunden oder auch von Jahren durchlaufen werden.[22] Dabei wird die Wucht der Auseinandersetzung von Durchlauf zu Durchlauf des Kreises erhöht.[23]

In der ersten Phase baut sich die Spannung zwischen den Partnern langsam auf; es kommen kleinere gewalttätige Zwischenfälle vor, die aber meist schon strafrechtliche Relevanz erreichen.[24] Gewöhnlich versuchen die Frauen, diese Vorfälle zu bagatellisieren und die Spannung möglichst gering zu halten.[25] Sie richten ihre ganze Aufmerksamkeit auf den Mann, eigene Bedürfnisse und Ängste werden phasenweise unterdrückt in der Hoffnung, konflikthafte Situationen und Misshandlungen zu vermeiden.[26] Die Angeklagte lernte M. F. kennen, als er bereits Mitglied einer Rockergruppe war. Da er ihr schon frühzeitig Ohrfeigen verpasste, musste sie bereits zu Beginn ihrer Beziehung Formen von Gewalt mit Verletzungsfolgen erfahren. Trotz der Vorfälle stufte sie seine Gewaltbereitschaft als zu gering ein und heiratete ihn.

Die Ausbrüche des Mannes steigern sich in dieser Phase, während die Frau meist weiter versucht, die Gewaltakte zu ignorieren.[27] Die Angeklagte musste zunehmende Faustschläge ins Gesicht und Tritte in die Magengegend ertragen, wenn irgendetwas im täglichen Ablauf nicht seinen Vorstellungen entsprach oder die Angeklagte seinen „Befehlen" nicht mit der erwarteten Schnelligkeit nachkam.[28] Daher war sie ihm in sämtlichen Tagesabläufen stets zu Diensten. Auch räumte sie von ihm liegengelassene Gegenstände weg, um durch dieses Verhalten eine Verringerung seiner Aggression herbeizuführen.

Die Spannung steigert sich bis zum abrupten Ausbruch der Gewalttätigkeit des Mannes in der zweiten Phase, die für die Frauen ein Schockerlebnis ist.[29] Geprägt von den zunehmenden Gewalttätigkeiten war bei der Angeklagten die Schwelle an Gewaltintensität und Häufigkeit erreicht, die zur Unerträglichkeit der Situation führte. Sie flüchtet im Mai 1988 ins Frauenhaus, um Unterstützung in Anspruch zu nehmen.

In der dritten anschließenden Phase legt der Gewalttäter ein charmantes, liebevolles Verhalten an den Tag.[30] Angesichts der Bemühungen des Mannes, seine Gewalttätigkeit vergessen zu machen, fällt es misshandelten Frauen schwer, in dieser

---

[22] Peichl, Destruktive Paarbeziehungen, S. 39.
[23] Peichl, Destruktive Paarbeziehungen, S. 39.
[24] Schweikert, Gewalt ist kein Schicksal, S. 63.
[25] Schweikert, Gewalt ist kein Schicksal, S. 63.
[26] Peichl, Destruktive Paarbeziehungen, S. 39.
[27] Schweikert, Gewalt ist kein Schicksal, S. 64.
[28] BGH Urt. v. 25.03.2003, S. 4.
[29] Schweikert, Gewalt ist kein Schicksal, S. 64.
[30] Schweikert, Gewalt ist kein Schicksal, S. 65.

Phase den Partner zu verlassen.[31] Da sie sich nach traditioneller Rollenauffassung für Beziehung und Familie und deren Dauerhaftigkeit verantwortlich fühlen, fallen sie den Schuldgefühlen und Überredungen des Partners leicht zum Opfer.[32] Fehlende Lebensalternativen und die Perspektivlosigkeit für Frauen mit Kindern, ein selbstbestimmtes und gesellschaftlich toleriertes Leben zu führen, hemmen die Entscheidung, der Gewaltbeziehung zu entfliehen.[33] Frauen, die diesen Zyklus zum ersten Mal durchlaufen, hoffen, dass das gewalttätige Verhalten, wenn die anderen beiden Phasen eliminiert werden können, aufhören und die von ihr idealisierte Beziehung bleiben wird.[34] Die Angeklagte kehrte nach vier Wochen zu ihrem Ehemann zurück, da er Besserung seines Verhaltens gelobte.

Die vierte Phase ist durch Verliebtheit und Harmonie gekennzeichnet. Die Frau beginnt, die Erinnerung an die Misshandlung und die Schmerzen zu verdrängen und ihren Mann gegenüber Außenstehenden häufig zu verteidigen und die erlittene Gewalt zu verharmlosen.[35] Unterstützt wird dieser „Gedächtnisbereinigungsprozess" des Paares dadurch, dass auch der Mann in der Lage ist, gegenüber anderen ihre Beteuerungen sehr glaubwürdig vorzubringen, wodurch Familie und Freunde sie bestärken, ihm eine Chance zu geben.[36] Die Beziehung wird in der Phase gefestigt und verstärkt.

Die fünfte Phase erfolgt nach der Zeit der Versöhnung und Hoffnung. In dieser werden kleine Missverständnisse im Alltag aufgeworfen, die alten Wunden werden wieder aufgerissen und es folgt die Phase der Schuldsuche und Verantwortungszuschreibung.[37] Durch die einseitige Verantwortungszuschreibung nehmen gewaltbetroffene Frauen die Verantwortung für sein Handeln und geben zu, den Mann provoziert zu haben und an seinen Gewaltausbrüchen schuld zu sein.[38] Die Übernahme der Tätersicht verschafft ihr die Illusion, eine erneute Gewalteskalation verhindern zu können.[39] Dementsprechend muss der Mann sich dann für sein Verhalten nicht mehr verantwortlich fühlen, und die Frauen haben die Schuldgefühle, weil sie das gewalttätige Verhalten des Partners nicht verhindern konnten.[40]

---

[31] Schweikert, Gewalt ist kein Schicksal, S. 65.
[32] Schweikert, Gewalt ist kein Schicksal, S. 65.
[33] Reese, Gewalt gegen Frauen, S. 51.
[34] Schweikert, Gewalt ist kein Schicksal, S. 66.
[35] Peichl, Destruktive Paarbeziehungen, S. 57.
[36] Peichl, Destruktive Paarbeziehungen, S. 57.
[37] Peichl, Destruktive Paarbeziehungen, S. 58.
[38] Peichl, Destruktive Paarbeziehungen, S. 58.
[39] Peichl, Destruktive Paarbeziehungen, S. 59.
[40] Peichl, Destruktive Paarbeziehungen, S. 59.

Aufgrund der ungelösten Grundprobleme in der Beziehung, schleicht sich die sechste Phase des Spannungsaufbaus wieder ein und es kommt in der siebten Phase zu erneuten Gewalthandlungen.[41]

Im Haustyrannenfall ereignete sich die vierte bis sechste Phase in der Zeit vom Jahr 1988 bis zum Jahr 1993, in der keine tätlichen Übergriffe erfolgten. Die siebte Phase ereignete sich im Jahr 1993, in der M. F. die Angeklagte so lange schlug, bis sie auf den Boden liegen blieb.[42] Danach trat er auf sie mit seinen Springerstiefeln mehrfach ein.[43] Die Gewaltspirale begann von vorne. Dabei wurden die Abstände zwischen den einzelnen Taten geringer, während gleichzeitig die Intensität der Gewalt zunahm.

Frauen, die schon längere Zeit misshandelt werden, haben durch die Erfahrung „gelernte Hilflosigkeit" gelernt, dass der weitere Verlauf nicht aufzuhalten ist und sie den Misshandlungen nicht entgehen können.[44] Ein chronisches Gefühl der Machtlosigkeit nimmt überhand und sie glaubt zunehmend, dass nichts, was sie tut, überhaupt etwas an der Gesamtsituation ändern könnte.[45]

Da die Angeklagte wusste, dass die Reaktion ihres Mannes schlimmer werden könnte, nahm sie ständige Beleidigungen und Angriffe ohne Gegenwehr hin. Er schlug sie, wann immer er meinte, sie habe etwas falsch gemacht.[46] Fühlte er sich durch Dritte in seiner Gewaltausübung beobachtet, befahl er ihr nach Hause zu gehen, um dort mit seinen Gewaltexzessen fortzufahren. Die Angeklagte hielt ihre Situation aufgrund der Doppelbelastung im Haushalt und in der Gaststätte sowie aufgrund der Beschimpfungen und Tätlichkeiten für vollkommen ausweglos und glaubte daher, den sich steigernden Gewalttätigkeiten bald „nicht mehr Stand halten zu können".[47] Um sich und ihre Kinder wirkungsvoll vor weiterer Gewalttätigkeit des Ehemannes zu schützen, erschoss sie ihn und befreite sich aus der Gewaltspirale.

E. Erklärungsansätze über Ursachen männlicher Partnergewalt gegen Frauen

Zur Erklärung der Ursachen für Partnergewalt gegen Frauen existieren verschiedene Erklärungsmodelle. Im Folgenden erfolgt unter Bezugnahme des Haustyrannenfalles eine nähere Betrachtung der Lerntheorie sowie der Frustrations- Aggressionstheorie.

I. Lerntheoretische Erklärungen

Lerntheorien gehen von der Annahme aus, dass kriminelles Verhalten erlerntes Verhalten ist, d.h. ein Verhalten, das sich aus den Erfahrungen erklärt, die der

---

[41] Peichl, Destruktive Paarbeziehungen, S. 59.
[42] BGH Urt. v. 25.03.2003, S. 5.
[43] BGH Urt. v. 25.03.2003, S. 5.
[44] Schweikert, Gewalt ist kein Schicksal, S. 64.
[45] Schweikert, Gewalt ist kein Schicksal, S. 61.
[46] BGH Urt. v. 25.03.2003, S. 5.
[47] BGH Urt. v. 25.03.2003, S. 7.

Einzelne im Verlauf seiner Entwicklung macht.[48] Die Lerntheorie zieht hierzu das Lernen am Modell und das Lernen am Erfolg heran.

Durch Beobachtung oder Erfahrung am eigenen Leib wird gelernt, welchen Herausforderungen mit Gewalt begegnet werden darf, welcher Grad von Gewaltanwendung welcher Situation angemessen ist, welche Mechanismen eingesetzt werden können und wie die Gefühle des Opfers zu missachten sind[49] Ein Lernen am Erfolg tritt ein, wenn der Täter durch gewaltsames Verhalten sein Ziel erreicht.[50] Gewalttätiges Verhalten gegenüber der Partnerin scheint eine erfolgsversprechende männliche Handlungsstrategie zur Durchsetzung der Interessen darzustellen.[51] Wenn das Opfer sich dem Täter beugt, so wirkt dies verstärkend auf das Handeln des Angreifers zurück.[52]

M. F. war Präsident von Rockergruppen und hatte dadurch überwiegend Kontakte zu Rockerbeziehungen, die aggressives und gewalttätiges Verhalten zugrunde legten. Im Hinblick auf die Bedeutung seiner Stellung als Rockerchef musste er sich ständig mit kriminellen Betätigungsfeldern auseinandersetzen und durch Gewaltausübung seine Machtstellung verdeutlichen. Die Gewalt gegenüber seiner Ehefrau war Ausdruck der gelernten kriminellen Machenschaften in der Rocker-Szene. Gerade dadurch, dass er es nicht gelernt hat, Konflikte auf gewaltfreie Art zu lösen, spiegelten sich seine erlebten Verhaltensmuster auch im häuslichen Bereich nieder und er sah Gewalt als Konfliktlösung an.

II. Frustrations-Aggressionstheorie

Die Frustrations-Aggressionstheorie geht von zwei Grundannahmen aus, nämlich, dass das Auftreten von Aggression in jedem Fall eine vorangegangene Frustration voraussetzt und das Bestehen von Frustration immer zu irgendeiner Form der Aggression führt.[53] Unter Frustration wird ein seelischer Zustand verstanden, der eintritt, wenn eine zielgerichtete Handlung unterbrochen wird.[54] Die Familie ist Schauplatz alltäglicher Frustrationen, die aus Interessenkonflikten resultiert.[55] Der Mensch wird dann aggressiver, wenn er zuvor gereizt worden ist (affektuelles Gewalthandeln).[56] Der Reiz selbst muss keineswegs selbst aggressiver Natur sein.[57]

---

[48] Meier, Kriminologie, S. 59.
[49] Schneider, Körperliche Gewaltanwendung in der Familie, S. 89.
[50] Schneider, Körperliche Gewaltanwendung in der Familie, S. 90.
[51] Schweikert, Gewalt ist kein Schicksal, S. 82; Leuze- Mohr , Häusliche Gewalt gegen Frauen - eine straffreie Zone? S. 94.
[52] Schneider, Körperliche Gewaltanwendung in der Familie, S. 90.
[53] Schneider, Körperliche Gewaltanwendung in der Familie, S. 35.
[54] Schneider, Körperliche Gewaltanwendung in der Familie, S. 35.
[55] Schneider, Körperliche Gewaltanwendung in der Familie, S. 94.
[56] Lamnek/Luedtke/Ottermann/Vogl, Tatort Familie S. 90.
[57] Lamnek/Luedtke/Ottermann/Vogl, Tatort Familie S. 90.

Es reicht z.B. auch schon der Stress durch Belastungssituationen aus.[58] Je mehr Belastungen für die Person bestehen, desto höher ist die Wahrscheinlichkeit der Anwendung von Gewalt als Reaktion.[59] Das eigene Verhalten wird als angemessene Reaktion auf das Verhalten des anderen, die Reaktion des anderen aber als unangemessen und provozierend gesehen, so dass diese Art und Weise zur Eskalation der Gewalt führt.[60]

Gerade die von M. F. in der Rockerszene erlebte Alltäglichkeit von Frustrationen und Aggressionen führte zur Eskalation seiner Gewaltausbrüche. Jede einzelne Handlung seiner Frau war ein Vorwand für seine Gewaltausübung. In einer Situation attackierte er sie während ihres Schlafes in der Nacht, indem er ihr einen Faustschlag ins Gesicht versetzte, weil sie ihm nach seiner Auffassung Anlass zu eifersüchtigen Träumen gegeben hatte.[61] In einer anderen Situation machte er sie für sein Zuspätkommen zur Eröffnung seiner Gaststätte verantwortlich, weil sie ihn nicht rechtzeitig geweckt hatte.[62] Ein anderes Mal regte er sich über die Geräusche einer klappernden Tür auf und als sie ihn besänftigen wollte, versetzte er heftige Ohrfeigen bis sie zu Boden fiel, anschließend trat er auf sie drauf und schlug ihr mit einem heftigen Faustschlag in den Magen.[63] Auch die Situation machte ihn wütend, weil die Angeklagte während der Gewalthandlungen gegen eine Tür gestoßen war und diese hätte beschädigt werden können.[64] Die Lage löste bei ihm wiederholte aggressive Reaktionen hervor. Er trat mehrmals mit seinen Springerstiefel auf die schließlich am Boden liegende Angeklagte ein, kniete sich auf sie und schlug ihr mit den Fäusten in Gesicht.[65] Er zog sie an den Haaren zu sich heran und biss ihr in die Wange.[66]

Auch ihre Erledigung der Hausarbeit, Erziehung und Betreuung der Kinder, finanzielle Angelegenheiten, die ihrerseits vergebens versuchte Erhaltung der soziale Beziehungen zu Familie und Freunden, waren Auslöser für seine Gewalthandlungen. Die Angeklagte wurde ständig zur Zielscheibe für seine Frustration und Aggression. Sie musste in jeder Situation mit einem hohen Ausmaß an gewaltförmigen Reaktionen rechnen.

F. Prävention gegen häusliche Partnergewalt

Es wird zwischen primärer, sekundärer und tertiärer Kriminalprävention unterschieden.

---

[58] Lamnek/Luedtke/Ottermann/Vogl, Tatort Familie S. 90.
[59] Godenzi, Gewalt im sozialen Nahraum, S. 116.
[60] Lamnek/Luedtke/Ottermann/Vogl, Tatort Familie, S. 92.
[61] BGH Urt. v. 25.03.2003, S. 5.
[62] BGH Urt. v. 25.03.2003, S. 6.
[63] BGH Urt. v. 25.03.2003, S. 6.
[64] BGH Urt. v. 25.03.2003, S. 7.
[65] BGH Urt. v. 25.03.2003, S. 7.
[66] BGH Urt. v. 25.03.2003, S. 7.

I. Primäre Prävention

Unter primärer Kriminalprävention werden diejenigen Maßnahmen verstanden, die sich an die Allgemeinheit richten und auf die Beeinflussung der allgemeinen Ursachen der Kriminalität abzielen.[67] Es geht vor allem um die Aufklärung über die primären Ursachen der Gewalt im Geschlechterverhältnis, die Entlarvung der Mythen der Gewalt, die Auseinandersetzung mit strukturellen Formen der Gewalt, die Aufdeckung und Auflösung des Machtunterschieds zwischen den Geschlechtern.[68] Dementsprechend sollen bereits Eltern im Erziehungsverhalten über etwaige Konfliktsituationen aufklären. Um den Ursachen von Kriminalität entgegen zu wirken, muss primär auf das Rechtsbewusstsein in der Gesellschaft und somit auf die potentiellen Täter eingewirkt werden.

II. Sekundäre Prävention

Zur sekundären Kriminalprävention werden diejenigen Maßnahmen gerechnet, die an bereits erkennbare Risiken und Gefährdungslagen anknüpfen. [69]

Am 14. März 2012 ist das Gesetz zur Einrichtung des bundesweiten Hilfetelefons „Gewalt gegen Frauen" in Kraft getreten, das bereits im März 2013 freigeschaltet wurde.[70] Mit dem Hilfetelefon gibt es für gewaltbetroffene Frauen ein Unterstützungsangebot, das bundesweit und jederzeit kostenlos, vertraulich und bei Bedarf mehrsprachig zur Verfügung steht.[71]

Andere mögliche Sofortmaßnahmen in einer konkreten Gefahrensituation sind durch die Polizei gewährleistet. Der Täter kann in solchen Fällen zum Beispiel aus der Wohnung verwiesen bzw. vorübergehend in Gewahrsam genommen werden. Durch die Wegweisung wird es den gewaltbetroffenen Frauen dann ermöglicht, Beratung in Anspruch zu nehmen.

Entsprechende Möglichkeit bietet auch das seit dem 01. Januar 2002 gültige Gewaltschutzgesetz, das den betroffenen Frauen mehr Schutz und Rechte gewährt.[72] Nach § 1 GewSchG können auf Antrag des Opfers Kontakt- und Näherungsverbote verfügt werden. Auch besteht gem. § 2 GewSchG die Möglichkeit, der gewaltbetroffenen Frau die gemeinsame Wohnung zur alleinigen Nutzung zur Verfügung zu stellen. Beide Maßnahmen wirken als vorbeugender Schutz vor weiteren Gewalttaten. Nach § 4 GewSchG sind Verstöße gegen das Gewaltschutzgesetz strafbewehrt.

---

[67] Meier, Kriminologie, S. 275.
[68] Reese, Gewalt gegen Frauen, S. 53.
[69] Meier, Kriminologie, S. 275.
[70] BMFSFJ 06.03.2013, Bundesweites Hilfetelefon „Gewalt gegen Frauen".
[71] BMFSFJ 06.03.2013, Bundesweites Hilfetelefon „Gewalt gegen Frauen".
[72] Milles/Müller, Neue Wege in der Therapie und Beratungsvernetzung, S. 30.

Eine Beratung im Kontext der häuslichen Partnergewalt wird hauptsächlich durch Frauenhäuser, Beratungsstellen und die im Zuge des Gewaltschutzgesetzes geschaffenen Beratungs- und Interventionsstellen geleistet.[73] Frauenhäuser bieten zum einen Einzelberatung in familien- und sozialrechtlichen Angelegenheiten während der Dauer des Aufenthaltes und zum anderen nachgehende Beratung im Anschluss an die Zeit im Frauenhaus.[74] Auch in den Beratungs- und Interventionsstellen werden rechtliche Möglichkeiten, individuelle Sicherheitsplanung, Unterstützungsangebote und Abklärung erforderlicher Beratung für betroffene Kinder, Krisenintervention und psychosoziale Unterstützung gewährt.[75]

III. Tertiäre Prävention

Als tertiäre Kriminalprävention werden diejenigen Maßnahmen bezeichnet, die sich an Personen richten, die bereits als Straftäter in Erscheinung getreten sind.[76] Durch das Strafverfahren können entsprechender Straftaten verfolgt und eine Wiederholung von häuslicher Partnergewalt verhindert werden.

IV. Präventionsmaßnahmen in Bezug auf den Haustyrannenfall

Im Haustyrannenfall stellt sich vor allem die Frage, welche Handlungsalternativen die Angeklagten in Anspruch hätte nehmen können. Zu klären ist, ob Gegenmaßnahmen wie die Inanspruchnahme behördlicher Hilfe, Flucht mit den Töchtern in ein Frauenhaus, Zuflucht bei der Polizei sowie die Erstattung einer Strafanzeige, effektive und nachhaltige Gefahrenabwehr darstellen würden.

Nachdem die Misshandlungssituationen ihres Ehemannes erhebliche Ausmaße annahmen, fasste sie im Mai 1988 den Entschluss, sich von ihm zu trennen und nutzte die Flucht ins Frauenhaus. Da aber der Ehemann Besserung gelobte, schaffte sie auch mit Hilfe der Beratungen im Frauenhaus nicht der Gewaltspirale zu entkommen und kehrte nach vier Wochen zu ihm zurück. Auch als sich danach die Gewaltexzesse steigerten, traute sie sich nicht erneut präventive Maßnahmen zu ihrem Schutz einzuleiten. Sie lebte in ständiger Angst vor ihrem Ehemann. Er drohte ihr und den beiden gemeinsamen Töchtern, auch im Fall einer erneuten Flucht in ein Frauenhaus oder der Inanspruchnahme anderweitiger Hilfe von außen, gewalttätig zu werden. Selbst bei der Erstattung einer Strafanzeige wäre sie nicht vor ihm sicher. Denn er als Präsident von Rockergruppen würde auch für den Fall seiner

---

[73] Milles/Müller, Neue Wege in der Therapie und Beratungsvernetzung, S. 30.
[74] Milles/Müller, Neue Wege in der Therapie und Beratungsvernetzung, S. 30.
[75] Milles/Müller, Neue Wege in der Therapie und Beratungsvernetzung, S. 30.
[76] Meier, Kriminologie, S. 275.

Inhaftierung seine Rockerbeziehung nutzen können. Tatsächlich waren M. F. und die Rockergruppen, denen er angehörte, gerichtsbekannt äußerst gewalttätig.[77]

Da sie aufgrund der ernstzunehmenden Drohungen keine Befreiungsversuche unternahm, stellt sich die Frage, ob die Gefahren hätten beseitigt werden können, wenn Hilfe von der Polizei oder einer Beratungsstelle gewährt worden wäre. Hätte also die Polizei oder andere Stelle auch die Töchter schützen können, z.b. auf ihren etwaigen Wegen zum Kindergarten oder zur Schule?[78] Für welchen Zeitraum hätte man mit der Realisierung von Drohungen rechnen und Schutzmaßnahmen ergreifen müssen?[79] Wäre eine - mit behördlicher Unterstützung erfolgende - heimliche Umsiedlung an einen völlig anderen Ort möglich, praktikabel und finanzierbar gewesen?[80] Die Angeklagte verfügte über keine eigenen entsprechenden Ressourcen und wurde über Jahre hinweg immer wieder misshandelt und gedemütigt, so dass sie an der Grenze ihrer Belastbarkeit und Handlungsmöglichkeiten stand. Zudem hätten M. F. und seine Rockerfreunde die Angeklagte und ihre Familie jederzeit ausfindig machen können. Daher bleibt es unklar, wie die Gewalt endgültig und nicht nur vorüberübergehend hätte verhindert werden können.

G. Fazit

Gewalt gegen Frauen ist in der Gesellschaft weit verbreitet. Doch das Risiko Opfer von Gewalt zu werden, ist innerhalb des sozialen Nahraums mit Abstand am höchsten.

Im Haustyrannenfall hatte die Gewalt eine besonders erschreckende Ausprägung. Die Angeklagte war mehrfachen Gewaltformen in außerordentlich hohem Ausmaß ausgesetzt. Vor allem Frauen, die über Jahre hinweg Demütigungen und Misshandlungen erfahren haben, leiden unter einem starken Gefühl von Hilflosigkeit. Durch die ständige Demonstration der Macht und Kontrolle ihres Ehemannes wird ihr Selbstwertgefühl völlig zerstört. Personen aus dem sozialen Umfeld sind dann die wichtigsten Ansprechpartner. Der Partner droht aber auch Gewalthandlungen gegenüber den Personen, die ihr helfen wollen, an. Da die Furcht vor Nachstellungen bei Familien, Freunden oder Bekannten besteht, finden Frauen selbst im sozialen Umfeld keine Unterstützung. Zudem besteht auch bei dem Opfer aufgrund der Drohung und Einschüchterung durch den Täter die damit einhergehende Angst vor einer Intensität der Gewalt im Falle der Offenlegung.

Häusliche Gewalt ist daher für Prävention schwer zugänglich. Vor allem deswegen muss die Ächtung von häuslicher Gewalt in die Öffentlichkeit der Bevölkerung

---

[77] BGH Urt. v. 25.03.2003, S. 8.
[78] Rengier, NStZ 2004, 233, 239.
[79] Rengier, NStZ 2004, 233, 239.
[80] Rengier, NStZ 2004, 233, 239.

gerückt werden. Nur durch Aufklärung über die weit verbreitete Gewalt gegen Frauen findet eine Reduzierung der Gewaltbelastung statt. Zudem müssen aber auch konkrete Gefährdungslagen frühzeitig erkannt werden. Denn nur dann können sofortige Maßnahmen zur Gewaltbeendigung ergriffen werden. Es reicht nicht aus, allein repressive Maßnahmen zur Bekämpfung häuslicher Gewalt zu ergreifen. Zwar wird bei der Strafverfolgung und durch Verurteilung des Täters das durch die Gewaltausübung erlittene Leid der Frau geachtet, aber selbst aus der Haft können Täter Beziehungen nutzen, um weitere Gewalttaten auszuüben.

Eine nachhaltige Bekämpfung von Gewalthandlung bedarf einer Zusammenknüpfung von repressiven und präventiven sowie von Hilfs- und Unterstützungsmaßnahmen. Wenn Frauen Unterstützungsangebote in Anspruch nehmen, dann müssen sie auch unmittelbare und vor allem konsequente Unterstützung erlangen, um aus dem Gewaltkreislauf ausbrechen zu können. Es müssen alle Institutionen dauerhaft mitwirken und umfassende Aufklärungen und Informationen leisten, um gemeinsam mit den gewaltgeprägten Frauen Auswege aus der Gewaltspirale zu finden. Um häusliche Gewalt nachhaltig und effektiv entgegenzuwirken, muss ein zusammenhängendes und ineinandergreifendes Schutzsystem geschaffen werden. Denn nur durch eine Vielzahl von Maßnahme ist es möglich gewaltbetroffenen Frauen mehr Schutz zu gewährleisten, damit sie nicht wie im Einleitungsfall nach der Trennung auf offener Straße niedergestochen werden oder im Haustyrannenfall den einzigen Ausweg aus der Gewaltspirale den Tod ihres Ehemannes sehen.